LA BÚSQUEDA DE LOS ESPACIOS EN EL FÚTBOL

26 SESIONES DE ENTRENAMIENTO PARA LA CREACIÓN DE ESPACIOS

MATTEO VON DER HORST

Von Der Horst, Matteo
La búsqueda de los espacios en el fútbol / Matteo Von Der Horst. - 1a ed.
LIBROFUTBOL.com, 2021.
110 páginas; 15,2 x 22,9 cm.

ISBN 978-987-3979-89-7

1. Fútbol. I. Título.
CDD 796.334

La búsqueda de los espacios en el fútbol
de Matteo Von Der Horst

Diseño de cubierta: Luciano Medvetkin
Foto de portada : © Paul Terry / Sportage Crédito: Sportage / Alamy Live News
Maquetación: Luciano Medvetkin
Foto del autor: Matteo Von Der Horst

LIBROFUTBOL.com
Olga Cossettini 1112 - oficina 8F - Ciudad de Buenos Aires - Argentina
ediciones@librofutbol.com - whatsapp +54 9 11 2215 1982

1ª edición: octubre 2021

ISBN 978-987-3979-89-7

ÍNDICE

INTRODUCCIÓN

Los partidos de fútbol se están volviendo cada vez más parecidos a los juegos de ajedrez, en los cuales se enfrentan dos equipos muy organizados tácticamente. La tendencia indica que en la mayoría de los entrenadores prevalece el objetivo de defenderse, debido al miedo de recibir un gol, ante la posibilidad de asumir el riesgo de atacar para intentar anotar en la portería contraria.

Muchos confunden que el fútbol moderno solamente consiste en pasar el balón de un lado a otro, sin embargo es necesario interpretar cada situación para poder darle un propósito significativo a la posesión del balón. Un propósito que nos ayude a alcanzar los objetivos de nuestro equipo: reducir el ritmo del partido y recuperarse físicamente, cansar y crear nerviosismo en los rivales, atraer a los adversarios a una determinada zona del campo para luego atacar por otro sector cuando menos se lo esperan.

Para poder transmitirle a nuestro equipo los conceptos necesarios que nos permitan realizar una correcta posesión del balón, es necesario tener en claro la secuencia de ejercicios que sean acordes a nuestro modelo de juego.

Esta secuencia de ejercitaciones ha sido dividida en dos partes: la primera trata los conceptos individuales para la creación de los espacios, mientras que la segunda incorporará los conceptos que se relacionan con la colaboración y el trabajo en equipo.

Las ideas aquí propuestas nacen de experiencias tomadas de forma directa de sesiones de entrenamiento personales del autor y de ideas intercambiadas con otros entrenadores. Al finalizar el libro podrás adaptar estos ejercicios a tu propio equipo, según los objetivos que quieras alcanzar.

CAPÍTULO 1
UN CONTINUO MOVIMIENTO

12 - TAREAS PARA EL DESMARQUE Y LA ZONA DE LUZ

El primer paso para crear espacios es moverse: por movimiento entiendo algo que tenga siempre función, dinamismo y que sea contextualizado según el deporte en cuestión. En el fútbol es muy importante trabajar las posturas del cuerpo en base a los movimientos del balón, orientándolo en la dirección hacia la cual se quiere continuar la acción. Es aún más importante saber visualizar el espacio a disposición y entender como moverse.

En algunos casos no es relevante la velocidad del jugador: Xavi y Pirlo, por ejemplo, son dos jugadores pensantes en constante movimiento que no tienen un cambio de ritmo intenso, entonces tienen que estar siempre en el lugar adecuado y en el momento justo.

La mejor manera para trabajar este concepto es hacerle entender a los futbolistas la importancia de estar desmarcados. Es decir, liberarse de la marca del adversario. Para recibir el balón es necesario salir de la zona de influencia adversaria. Este es un concepto que damos por de-

scontado, pero a menudo sucede que escuchamos a los entrenadores sugerir a sus jugadores que se muevan más, o ver al típico futbolista estático dentro del campo, quejándose de que no le pasan el balón por estar siendo marcado.

En el fútbol crear una "zona de luz" significa que en la línea de pase que existe entre el jugador poseedor del balón y quien lo vaya a recibir no haya ningún adversario. Se trata de una base fundamental para poder obtener una buena posesión del balón. Mientras más jugadores del mismo equipo estén desmarcados, más soluciones se crearán para el futbolista en posesión del balón, que podrá decidir qué opción elegir. Los mejores equipos del mundo aprovechan las múltiples soluciones de pase como un modo para crear superioridad numérica.

ZONA DE LUZ

01

MEDIO OPERATIVO Situación simplificada

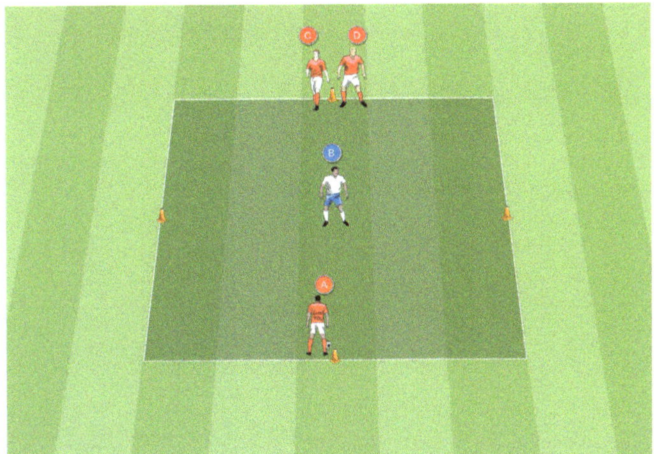

DURACIÓN

10 minutos

OBJETIVOS

- Desmarque
- Recibir
- Pase
- Movilidad o movimiento

MATERIAL

- 4 conos
- Balones

PREPARACIÓN

Área de juego: 10×10 metros
Jugadores: 4
Número de series: 4 de 2 minutos con 30 segundos de recuperación pasiva entre las series

ORGANIZACIÓN

En un cuadrado de 10×10 metros posicionar en el centro de cada lado un cono. Desde un cono inicia el jugador A con el balón, en el cono opuesto se colocan los jugadores C y D y en el centro del cuadrado, en la misma línea, se coloca el adversario B.

DESCRIPCIÓN

- Los jugadores A, C y D juegan juntos, mientras B intenta interceptar las líneas de pase
- C sprinta en diagonal hacia un cono a su elección y D sprinta hacia el cono opuesto
- B cierra una línea de pase y A pasa el balón hacia el compañero libre entre C y D

En cada serie sustituir al jugador central.

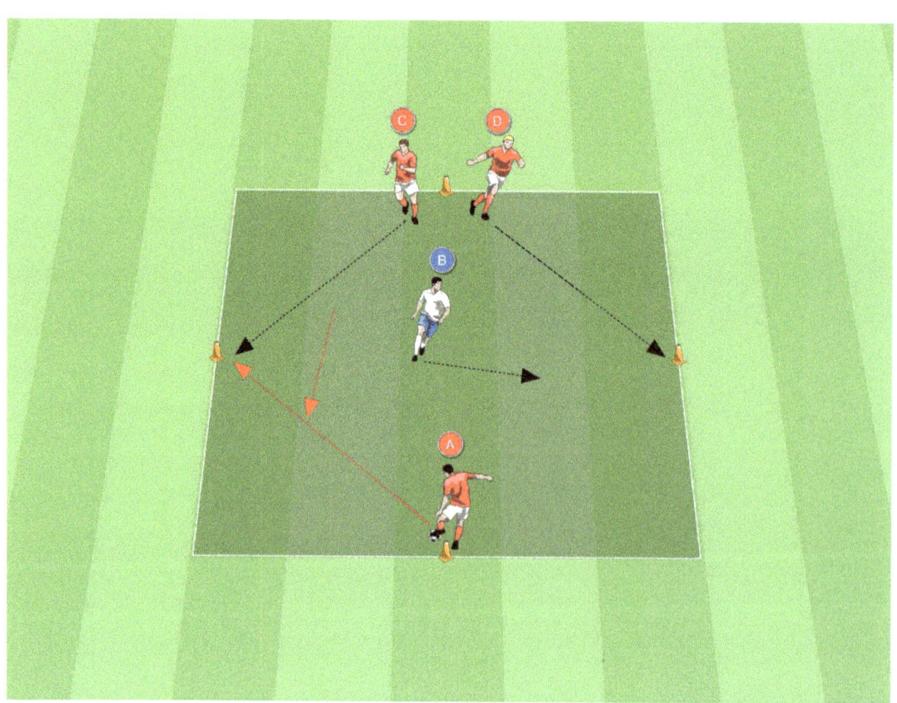

VARIANTES

1. Colocar una portería en el vertice opuesto a A, para poder finalizar la acción con un 3 contra 1

PUNTOS DEL ENTRENADOR

- El primer movimiento lo realiza C, que intenta crear una línea de pase con A
- B tiene que mantener una posición que le permita ver a A y a C
- Una vez que la línea de pase entre A y C sea ocupada por B, D realizará un movimiento para crear otra
- Los movimientos tienen que ser realizados con la máxima intensidad, porque A no tendrá mucho tiempo para pensar en una situación de igualdad numérica

POSESIÓN DE BALÓN 2 CONTRA 1 IN PETOS

02

MEDIO OPERATIVO Situación simplificada

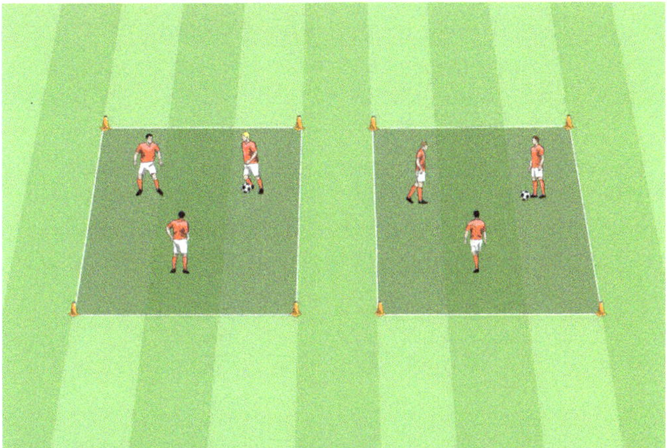

DURACIÓN

12 minutos

OBJETIVOS

- Desmarque
- Pase
- Intercepción
- Contraste
- 2 contra 1

MATERIAL

- 8 conos
- Balones

PREPARACIÓN

Área de juego: 10×20 metros
Jugadores: 6
Número de series: 2 de 5 minutos con 1 minuto
de recuperación pasiva entre las series

ORGANIZACIÓN

Crear dos cuadrados especulares ambos de 8×8 metros. En el interior del cuadrado se juega un 2 contra 1, todos los jugadores sin petos.

DESCRIPCIÓN

- En dos cuadrados especulares se juega un 2 contra 1 sin petos
- Al inicio del ejercicio el entrenador decide quien inicia como defensor, mientras los otros dos jugadores en continuo movimiento tienen que intentar mantener la posesión
- En caso que el defensor intercepte el balón, este último se convierte en atacante y quien ha perdido la posesión de balón se convierte en defensor
- Después de cada minuto el entrenador pita y los jugadores se cambian de cuadrado con un sprint a la máxima velocidad y reinician la tarea en el otro cuadrado

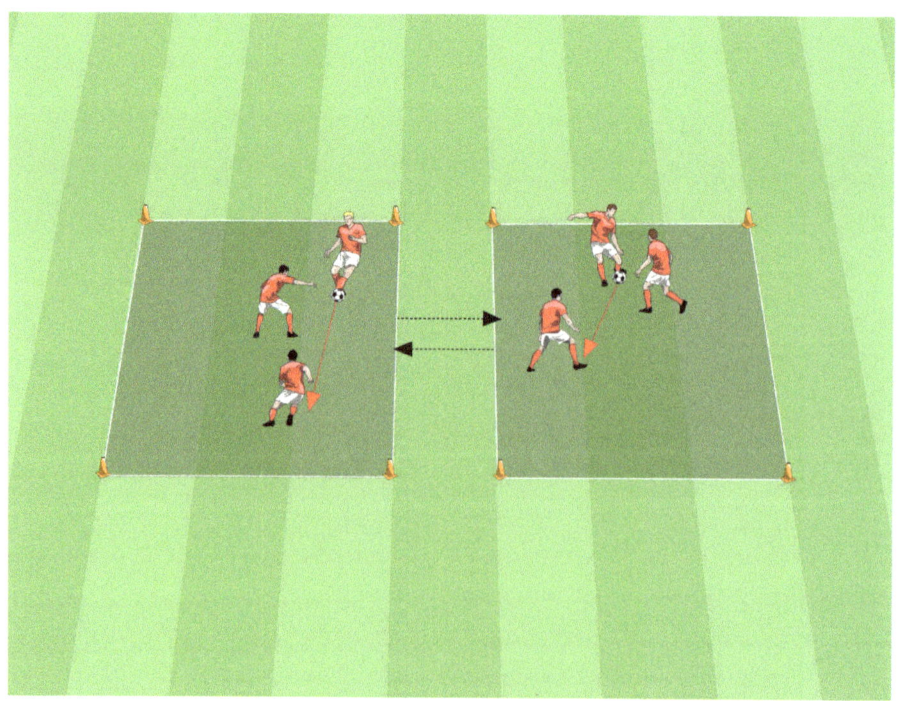

REGLAS

Los futbolistas inician la tarea jugando con toques libres, para luego pasar a tres toques y finalmente a dos toques

PUNTOS DEL ENTRENADOR

- Los dos jugadores que inician la posesión del balón, para poder recibir y pasar, tienen que situarse continuamente en la zona de luz o tienen que realizar el desmarque detrás del defensor que presiona
- El ejercicio, además de trabajar el desmarque, sirve para hacer entender a los jugadores en posesión, que una vez perdido el balón es necesario hacer todo lo posible para recuperarlo

POSESIÓN DE BALÓN 5 CONTRA 5 CONDICIONADA

03

MEDIO OPERATIVO Situación simplificada

DURACIÓN

15 minutos

OBJETIVOS

- Desmarque
- Marcaje
- Intercepción
- Movilidad o movimiento
- Posesión de balón

MATERIAL

- 4 chinos
- 5 petos
- Balones

PREPARACIÓN

Área de juego: 20×30 metros
Jugadores: 10
Número de series: 3 de 4 minutos con 1 minuto de recuperación pasiva entre las series

ORGANIZACIÓN

Crear un campo de juego de 20×30 metros con la ayuda de los chinos. En el interior del campo se juega un 5 contra 5.

DESCRIPCIÓN

- Se juega una posesión de balón 5 contra 5 a dos toques con los pies
- Cuando un jugador en posesión de balón es tocado con las manos por un adversario, la posesión pasa al otro equipo
- Se obtiene 1 punto después de diez pases consecutivos

REGLAS

- La posesión de balón se juega con los pies con un máximo de dos toques
- Si el jugador es tocado por el adversario con las manos, la posesión pasa al otro equipo

VARIANTES

1. Es posible jugar la posesión usando las manos, pero los pases se tienen que realizar por debajo de los hombros

PUNTOS DEL ENTRENADOR

- El campo tiene que ser muy amplio al inicio, para que el juego sea fluido y para hacer que el equipo en posesión aproveche los espacios vacíos
- Los jugadores tienen que intentar colocarse siempre en un espacio vacío del campo, donde no haya adversarios, para evitar ser tocados en el momento en el que entran en posesión del balón
- Una vez que el juego toma fluidez se puede reducir el campo para aumentar los ritmos
- Después del pase estimular al jugador a moverse en búsqueda de un nuevo espacio a ocupar

PARTIDO A TEMA 1 CONTRA 1: CADA UNO CON SU HOMBRE

04

MEDIO OPERATIVO Situación simplificada

DURACIÓN

15 minutos

OBJETIVOS

- Desmarque
- Marcaje
- Movilidad o movimiento

MATERIAL

- Chinos
- 8 petos
- 2 porterías
- Balones

PREPARACIÓN

Área de juego: 50×70 metros
Jugadores: 16 + 2 porteros
Número de series: 2 de 6 minutos con 1' 30'' de recuperación pasiva entre las series

ORGANIZACIÓN

Crear un campo de 50×70 metros con los chinos y posicionar una portería en ambos lados cortos. En el interior del campo se juega un 8 contra 8; los porteros en las porterías.

DESCRIPCIÓN

- Partido 8 contra 8
- Un jugador de cada equipo marca un determinado jugador del equipo adversario indiferentemente de la posición
- Inicialmente se juega sin limite de toques
- Gana el equipo que marca más goles

REGLAS

- Cada jugador puede marcar solo al adversario que le ha sido establecido antes del inicio del partido

VARIANTES

1. Jugar un máximo de dos o tres toques

PUNTOS DEL MISTER

- Estimular a los jugadores al continuo movimiento para liberarse del marcaje
- Responsabilizar al jugador a mantener la respectiva marca intentando no perder al adversario
- Jugando el partido a dos o tres toques se estimula el principio de desmarque por parte de los compañeros

RONDO 4 CONTRA 1: TRES LÍNEAS DE PASE

05

MEDIO OPERATIVO Situación simplificada

DURACIÓN

10 minutos

OBJETIVOS

- Posesión de balón
- Intercepción
- Pase útil

MATERIAL

- 4 chinos
- Balones

PREPARACIÓN

Área de juego: 5×5 metros
Jugadores: 5
Número de series: 2 de 4 minutos con 1 minuto de recuperación pasiva entre las series

ORGANIZACIÓN

Crear un cuadrado de 5×5 metros. Fuera de cada lado se posiciona un jugador y un adversario se coloca en el interior del cuadrado.

DESCRIPCIÓN

- Se juega un rondo 4 contra 1
- El objetivo de los cuatro jugadores exteriores es el de mantener la posesión de balón intentando que no sea interceptado por el adversario que se encuentra en el interior del cuadrado
- Si el jugador del interior del cuadrado recupera el balón toma la posición del jugador al que le ha interceptado el pase

REGLAS

- Jugar el rondo a un máximo de dos toques
- Después de diez pases consecutivos se otorga 1 punto

VARIANTES

1. Jugar el rondo a un máximo de un toque

PUNTOS DEL MISTER

- Es muy importante que el rondo sea realizado a un ritmo alto
- Trabajar la orientación del cuerpo del jugador verificando que esté "abierto" en dirección del juego y de los compañeros
- El pase tiene que ser realizado con la correcta intensidad
- Trabajar el tiempo que pasa entre el control y el pase intentando reducirlo
- La ejecución del gesto técnico tiene que ser realizada con la cabeza arriba: llevar a los jugadores a focalizar la atención del juego convirtiendo la gestión del balón en automática
- Estimular a los jugadores a moverse y desmarcarse en función de la posición del defensor de manera que se creen líneas de pase ventajosas
- Estimular al jugador a pensar antes de que le llegue el balón: en el fútbol moderno anticipar la decisión de la jugada puede cambiar el éxito de la acción
- Intentar que los jugadores lleguen a realizar el rondo a un solo toque

RONDO 4 CONTRA 2: PUNTO POR EL PASE ENTRE LOS DEFENSAS

06

MEDIO OPERATIVO Situación simplificada

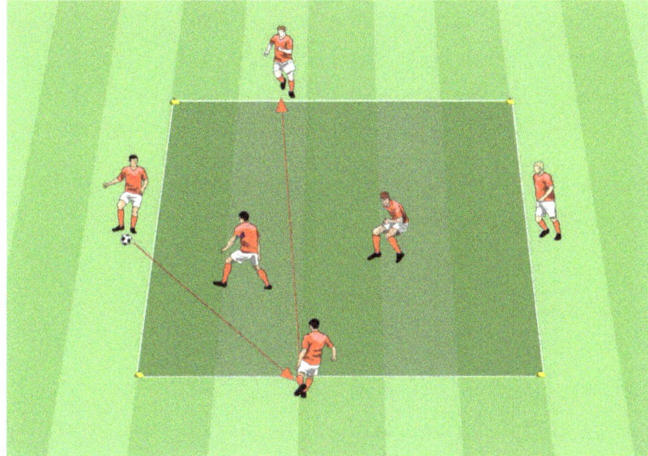

DURACIÓN

10 minutos

OBJETIVOS

- Pase útil
- Visión periférica
- Pase
- Intercepción

MATERIAL

- 4 chinos
- Balones

PREPARACIÓN

Área de juego: 8×8 metros
Jugadores: 6
Número de series: 2 de 4 minutos con 1 minuto de recuperación pasiva entre las series

ORGANIZACIÓN

Crear un cuadrado de juego de 8×8 metros. En cada lado del cuadrado se posiciona un jugador con dos adversarios en el interior. Colocar otros cuadrados idénticos para que pueda participar toda la plantilla a la vez.

DESCRIPCIÓN

- Se juega un rondo 4 contra 2
- Los cuatro jugadores exteriores juegan una posesión y tienen que elegir el mejor pase dependiendo de la posición de los dos adversarios internos
- Se gana 1 punto por cada pase que pase entre los defensas (ejemplo en la figura)
- Si uno de los dos jugadores internos recupera el balón toma la posición del jugador al que le ha interceptado el pase

REGLAS

- Se gana 1 punto por cada pase entre los dos defensas

PUNTOS DEL MISTER

- Es importante que los jugadores del exterior se acostumbren a buscar lo antes posible la línea de pase
- Limitar los toques a un máximo de dos de manera de dar un ritmo elevado al ejercicio
- Estimular a los jugadores exteriores a moverse a lo largo del lado disfrutando toda la amplitud del cuadrado

RONDO 3 CONTRA 1: OCUPO EL ESPACIO LIBRE

07

MEDIO OPERATIVO Situación simplificada

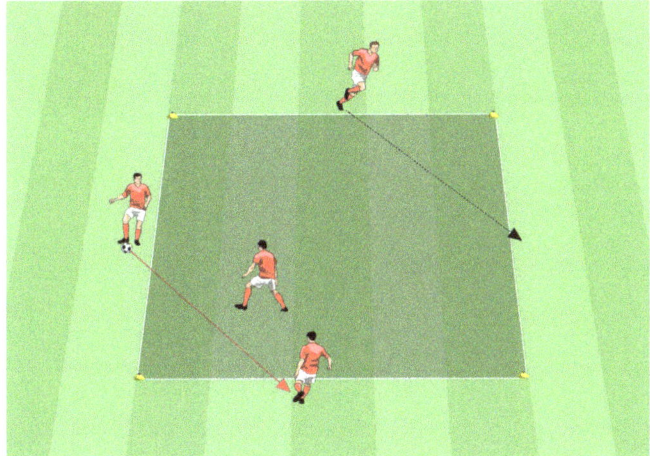

DURACIÓN

10 minutos

OBJETIVOS

- Desmarque
- Pase
- Intercepción
- Movilidad o movimiento
- Pase útil

MATERIAL

- 4 chinos
- Balones

PREPARACIÓN

Área de juego: 5×5 metros
Jugadores: 4
Número de series: 2 de 4 minutos con 1 minuto de recuperación pasiva entre las series

ORGANIZACIÓN

Crear un cuadrado de 5×5 metros. Dejar un lado libre, mientras que en los otros se coloca un jugador en cada uno. En el interior se coloca un adversario.

DESCRIPCIÓN

- Se juega un rondo 3 contra 1 con el vínculo que el jugador exterior en posesión de balón tiene que tener siempre dos opciones de pase lateral (un compañero a la derecha y uno a la izquierda); así los jugadores se mueven creando líneas de pase
- Si el jugador que se encuentra en el interior recupera el balón toma la posición del jugador al que le ha interceptado el pase

REGLAS

- Jugar el rondo a un máximo de dos toques
- Asignar 1 punto después de diez pases consecutivos

PUNTOS DEL MISTER

- Es muy importante que el rondo sea realizado a un ritmo alto
- Trabajar la orientación del cuerpo del jugador verificando que esté "abierto" en dirección del juego y de los compañeros
- El pase tiene que ser realizado con la correcta intensidad
- Trabajar el tiempo que pasa entre el control y el pase intentando reducirlo
- La ejecución del gesto técnico tiene que ser realizada con la cabeza arriba: llevar a los jugadores a focalizar la atención del juego convirtiendo la gestión del balón en automática
- Estimular al jugador a pensar antes de que le llegue el balón: en el fútbol moderno anticipar la decisión de la jugada puede cambiar el éxito de la acción
- Intentar que los jugadores lleguen a realizar el rondo a un solo toque
- Estimular los cambios de posición de los jugadores en posesión de balón: juego el balón y cambio de posición

PASO Y OCUPO EL ESPACIO VACÍO

08

MEDIO OPERATIVO Situación simplificada

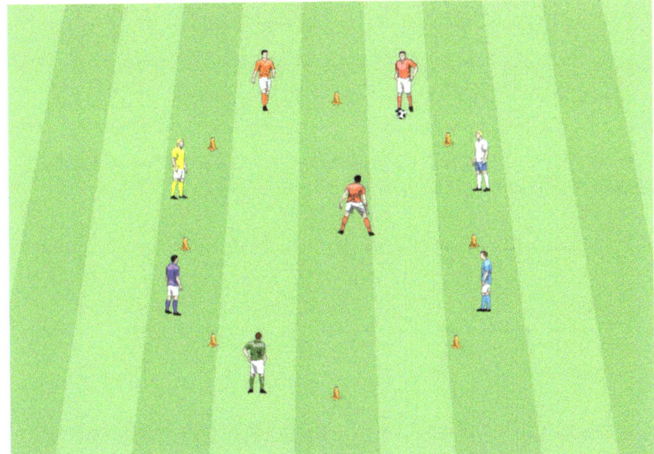

DURACIÓN

14 minutos

OBJETIVOS

- Tocar y moverse
- Pase
- Intercepción

MATERIAL

- 8 conos
- Balones

PREPARACIÓN

Área de juego: 10×10 metros
Jugadores: 8
Número de series: 2 de 6 minutos con 1 minuto de recuperación pasiva entre las series

ORGANIZACIÓN

Crear un octógono colocando los conos como en la figura. Siete jugadores se colocan en cada lado exterior del octógono y un adversario en el interior.

DESCRIPCIÓN

- Los siete jugadores colocados en el exterior tienen que mantener la posesión intentando que el balón no sea interceptado por el adversario interno
- Cada vez que un jugador realiza un pase, tiene que ir a ocupar el lado libre del octógono
- Si el adversario en el interior recupera el balón toma la posición del jugador al que le ha interceptado el pase

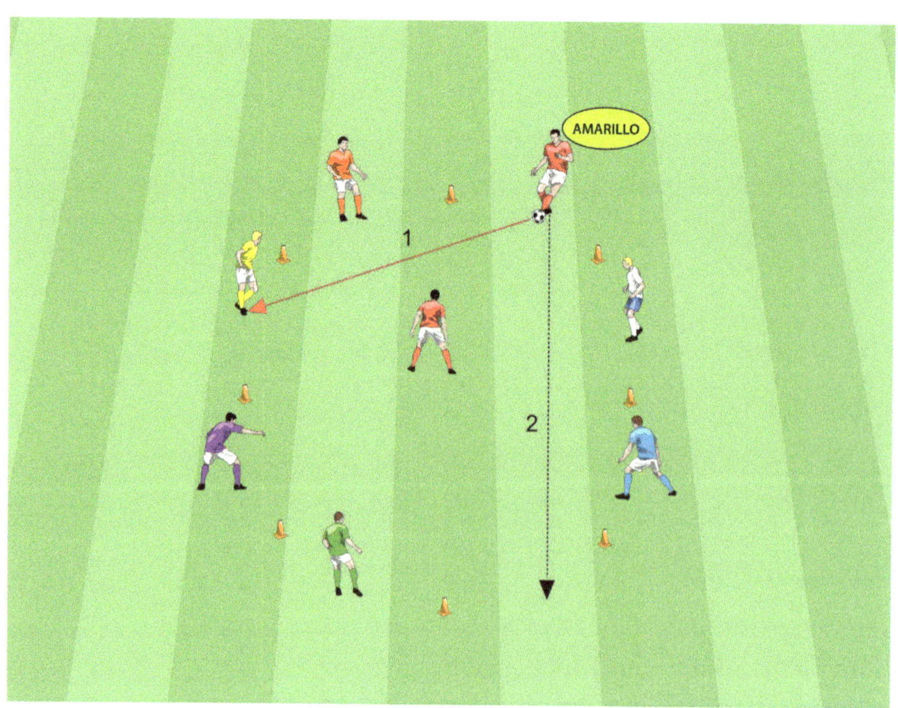

VARIANTES

1. Jugar el rondo con un máximo de dos toques
2. Dar los petos de, al menos, tres colores diferentes. Los jugadores tienen que decir el color del peto antes de pasar el balón

PUNTOS DEL MISTER

- Verificar el tiempo de reacción al cambio de posición de los jugadores después de haber realizado el pase
- Estimular la visión periférica pidiendo a los futbolistas que localicen la posición libre a ocupar con anticipación
- El ejercicio podría ser muy difícil, sobre todo al inicio. Animar a los jugadores para ayudarlos en la realización
- Añadir gradualmente la dificultad con la llamada de los colores

4 CONTRA 2: LÍNEAS DE PASE

09

MEDIO OPERATIVO Situación simplificada

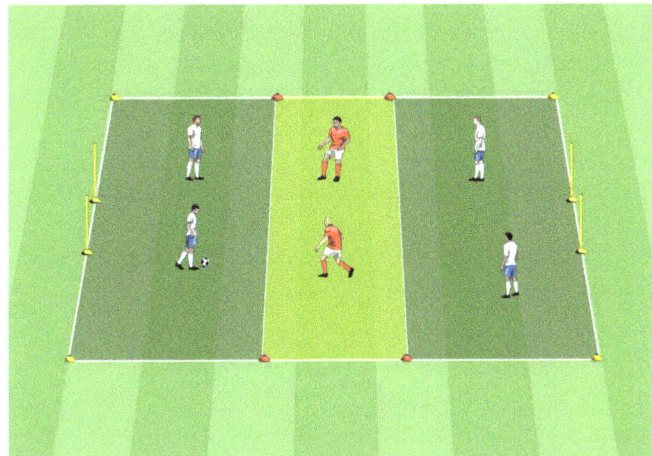

DURACIÓN

15 minutos

OBJETIVOS

- Pase útil
- 2 contra 2
- Posesión de balón
- Evita pases al hueco

MATERIAL

- 8 chinos (4 por color)
- 4 palos
- 2 petos
- Balone

PREPARACIÓN

Área de juego: 15×10 metros
Jugadores: 6
Número de series: 3 de 4 minutos con 1 minuto de recuperación pasiva entre las series

ORGANIZACIÓN

Crear un rectángulo de 15×10 metros y dividirlo en tres zonas evidenciando la zona central con chinos de color diferente. En ambos lados cortos del rectángulo formar una portería de 2 metros con los palos. En la zona central se colocan los dos defensores con peto, mientras que en las otras dos zonas se colocan los cuatro jugadores que tienen que mantener la posesión.

DESCRIPCIÓN

- Rectángulo de juego dividido en tres zonas. La zona central, más pequeña, es la zona de intercepción para los dos defensores y las otras dos zonas son para los cuatro jugadores que tienen que mantener la posesión colocándose en línea de pase
- Si los dos defensores interceptan el balón inicia un 2 contra 2 con los jugadores que han perdido la posesión. El objetivo de los defensores es el de marcar gol en las porterías
- Finalizada la acción los dos jugadores que han perdido la posesión se convierten en defensores

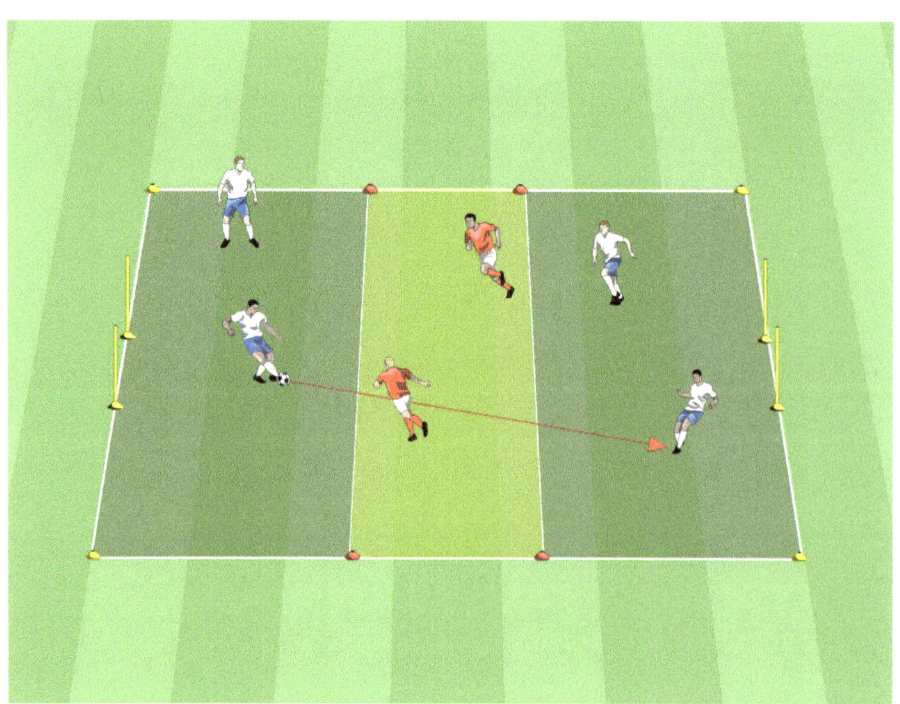

REGLAS

- Los jugadores que tienen que mantener la posesión tienen solo dos toques
- El balón no tiene que estar nunca parado
- Los jugadores de la misma zona solo se pueden pasar el balón una vez entre ellos. Después tienen que jugarlo a los compañeros de la zona opuesta

PUNTOS DEL MISTER

- Estimular a los jugadores del sector opuesto al balón a crear líneas de pase, desmarcándose a la espalda de los defensores
- Estimular al continuo movimiento del balón
- Los jugadores en posesión tienen que tener como referencia la amplitud y la profundidad de su zona a disposición, intentando aprovechar todo el campo
- Los jugadores en zona de intercepción, para evitar los pases al hueco, tienen que trabajar la toma de posición colaborando entre ellos

PASO Y VOY AL SITIO DEL COMPAÑERO

10

MEDIO OPERATIVO Situación simplificada

DURACIÓN

10 minutos

OBJETIVOS

- Toco y me muevo
- Pase
- Movilidad o movimiento

MATERIAL

- 4 chinos
- 1 peto
- Balones

PREPARACIÓN

Área de juego: 8×8 metros
Jugadores: 6
Número de series: 2 de 4 minutos con 1 minuto de recuperación pasiva entre las series

ORGANIZACIÓN

Crear un cuadrado de juego de 5×5 metros con los chinos. En cada vértice se posiciona un jugador. En el interior del cuadrado inician un jugador con el balón y un adversario con el peto.

DESCRIPCIÓN

- Los cinco jugadores se intercambian el balón en los vértices del cuadrado y después de cada pase se toma siempre el sitio del compañero al que se le ha pasado el balón
- Para empezar la rotación de los jugadores exteriores al inicio uno de ellos tiene que partir de la zona central eligiendo donde realizar el primer pase
- En el interior del cuadrado se encuentra un adversario que intentará recuperar el balón; cuando lo consigue toma el sitio del jugador al que le ha interceptado el pase

REGLAS

- Los jugadores que se intercambian el balón juegan a un toque como máximo
- Los futbolistas pueden recibir el balón solo en los vértices del cuadrado
- El jugador que realiza el pase tiene que ir al sitio del compañero al que le ha pasado el balón

VARIANTES

1. Añadir cinco colores de petos. Los futbolistas, antes de realizar el pase, tienen que indicar en voz alta el color del peto del compañero al que le van a pasar el balón

PUNTOS DEL MISTER

- Los jugadores que tienen que mantener la posesión tienen siempre uno o dos posibles pases, es decir el que ha dejado libre el adversario interior
- Una vez jugado el balón, los futbolistas tienen la obligación de ocupar el espacio libre dejado por los compañeros, por lo que están en constante movimiento
- Tener al adversario en el centro intentando interceptar el balón, también entrena la visión periférica

MOVERSE EN LA ZONA DE LUZ

11

MEDIO OPERATIVO Situación simplificada

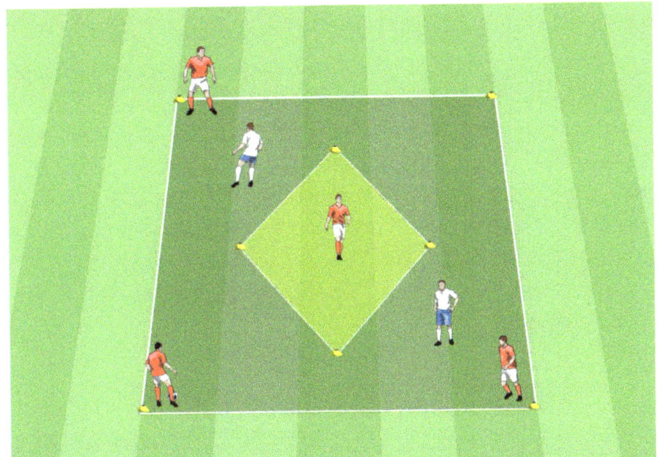

DURACIÓN

12 minutos

OBJETIVOS

- Pase útil
- Pase
- Intercepción
- Movilidad o movimiento

MATERIAL

- 8 chinos
- 2 petos
- Balones

PREPARACIÓN

Área de juego: 10×10 metros
Jugadores: 6
Número de series: 2 de 5 minutos con 1 minuto de recuperación pasiva entre las series

ORGANIZACIÓN

Crear un cuadrado de 10×10 metros con los chinos. En los tres vértices se posicionan tres jugadores y un vértice permanece libre. En el interior del cuadrado delimitar uno más pequeño de 5×5 metros: este pequeño cuadrado deberá rotar respecto al cuadrado exterior. En el espacio entre el cuadrado interior y el exterior se posicionan dos adversarios con petos. En el interior del cuadrado pequeño se posiciona un jugador.

DESCRIPCIÓN

- Los tres jugadores de los vértices mantienen la posesión jugando con el compañero posicionado en el interior del cuadrado pequeño intentando que el balón no sea interceptado por los dos adversarios
- Los tres jugadores se mueven entre los vértices para crear líneas de pase
- Si un adversario recupera el balón toma la posición del jugador al que le ha interceptado el pase
- El jugador posicionado en el interior del cuadrado más pequeño no puede salir de ahí y realizar un máximo de dos toques
- Los dos defensores solo pueden intentar recuperar el balón defendiendo en el espacio entre los dos cuadrados

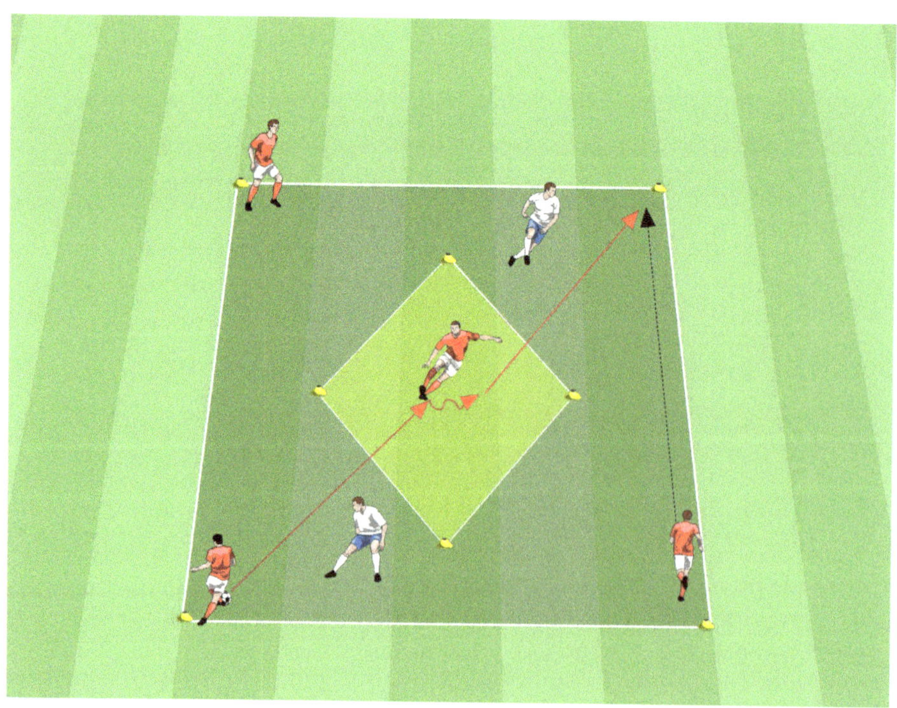

PUNTOS DEL ENTRENADOR

- Intentar que los futbolistas jueguen, gradualmente, el rondo a un toque
- El jugador interior tiene que moverse intentando crear "triángulos de posesión" con los futbolistas exteriores
- Estimular los cambios de posición de los futbolistas en posesión del balón: juego el balón y cambio de posición
- Estimular a los jugadores exteriores a moverse en función de los dos defensores, de manera que se creen siempre tres alternativas de pase
- Permanecer parados sin desmarcarse tiene que corresponder a una precisa elección táctica del jugador

POSESIÓN DE BALÓN: COMODÍN EN INFERIORIDAD NUMÉRICA

12

MEDIO OPERATIVO Situación simplificada

DURACIÓN

15 minutos

OBJETIVOS

- Desmarque
- Pase
- Movilidad o movimiento
- Posesión de balón

MATERIAL

- 9 petos (6 de un color, 3 de otro)
- Balones

PREPARACIÓN

Área de juego: círculo con diámetro de 15 metros
Jugadores: 14
Número de series: 3 de 4 minutos con 1 minuto de recuperación pasiva entre las series

ORGANIZACIÓN

Seis jugadores con el peto se posicionan en el perímetro del círculo. En el interior del círculo se posicionan cinco jugadores sin peto y tres con peto de color diferente que juegan como comodines.

DESCRIPCIÓN

- Los tres comodines posicionados en el interior del círculo juegan con los jugadores del perímetro (rojos en la figura) mientras que los cinco jugadores juegan como defensores
- Los jugadores posicionados en el perímetro tienen que mantener la posesión de balón con la ayuda de los tres comodines que están libres de movimiento en el interior del campo de juego
- El punto es asignado cuando todos los comodines tocan el balón

REGLAS

- Los apoyos se pueden pasar el balón entre ellos, pero tienen un solo toque a disposición
- El punto es asignado después de que los tres comodines han tocado el balón

PUNTOS DEL ENTRENADOR

- Los apoyos tienen que esperar el momento adecuado para poder pasar el balón al comodín interior
- Estimular a los comodines del interior del campo de juego a un continuo movimiento, para así tener la posibilidad de recibir el balón

CAPÍTULO 2
LA IMPORTANCIA DEL DESMARQUE

10 - TAREAS PARA LOS DESMARQUES

"Notenemosundelantero,porquenuestro delantero es el espacio"
Josep Guardiola

El desmarque combinado es un movimiento que engaña al adversario y es usado para atacar el espacio contrario en el cual se quiere recibir el balón. Es un movimiento importante para eludir al adversario, pero es necesario trabajar bien los tiempos o de lo contrario será ineficaz.

Existe una diferencia fundamental entre el movimiento de desmarque que se realiza para continuar el mantenimiento del balón y el movimiento de desmarque para atacar la profundidad. El primero se asocia a la búsqueda del espacio para recibir un pase entre las líneas adversarias, mientras que el segundo se relaciona a un movimiento que tiene una dirección bien precisa (la portería) en búsqueda de la profundidad.

No es sencillo realizarlos, no solo por los tiempos sino también por la postura que hay que adoptar para no perder de vista el balón. Algunos delanteros lo usan para atacar en profundidad recibiendo el balón detrás de la línea defensiva: un modo seguro para crearle peligro al equipo

adversario. Es un movimiento que se puede realizar en cualquier zona del campo y de diferentes maneras: largo-corto para aproximarse, corto-largo para atacar la profundidad, dentro-fuera para balones exteriores, fuera-dentro para balones interiores. Saber mantener la posesión no basta, es necesario ser capaz de elegir el momento oportuno para convertirla en una oportunidad peligrosa al atacar la profundidad.

DESMARQUE FUERA-DENTRO, INTERCAMBIO Y TIRO

13

MEDIO OPERATIVO Situación simplificada

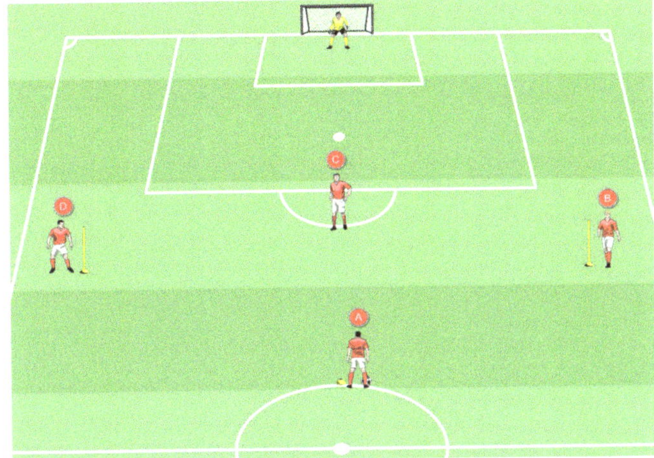

DURACIÓN

10 minutos

OBJETIVOS

- Desmarque de apoyo
- Control orientado
- Pase
- Finalización
- Tiro a portería

MATERIAL

- 2 palos
- 1 chino
- 1 portería
- Balones

PREPARACIÓN

Área de juego: 50×50 metros
Jugadores: 8 + 1 portero
Número de series: 2 de 5 minutos

ORGANIZACIÓN

Posicionar dos palos en las zonas laterales del campo a 10 metros del área grande. Posicionar el chino de inicio a unos 35 metros de la portería. El jugador A parte al lado del chino de inicio, mientras los jugadores B y D se posicionan al lado de los palos. El jugador C se posiciona en el límite del área grande en las cercanías del semi círculo. En cada estación posicionar dos jugadores. El portero en la portería.

DESCRIPCIÓN

- B realiza el desmarque abriendo primero hacia el exterior
- A pasa el balón hacia B que se aproxima anticipando el palo
- B, después de un control orientado, pasa el balón a C
- C después de un control orientado finaliza en portería

A irá al lugar de B, B al lugar de C y C al lugar de A. Realizar una acción a la derecha y una a la izquierda.

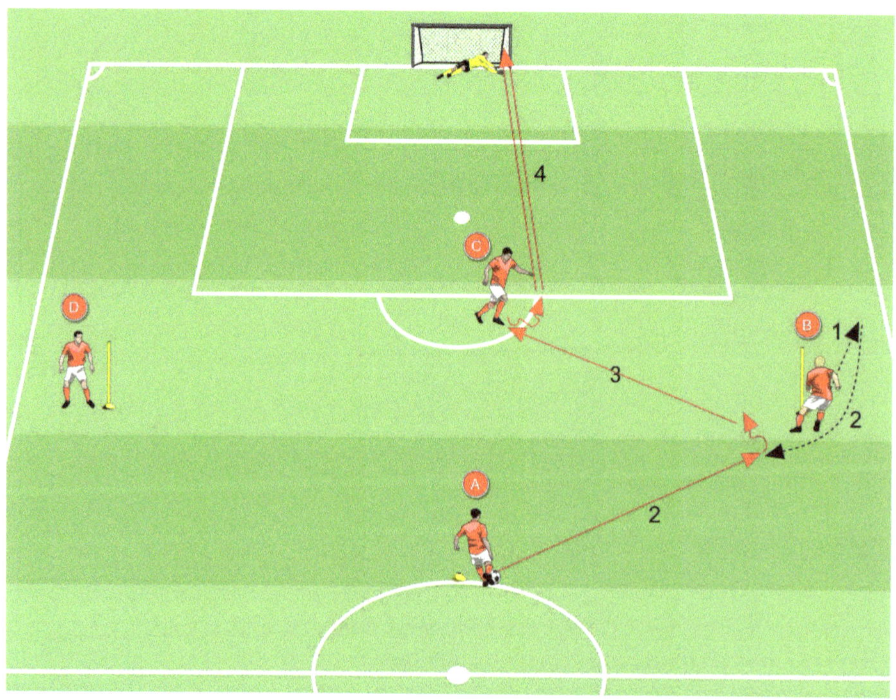

REGLAS

- Quien realiza el desmarque tiene a disposición dos toques, control orientado y pase

PUNTOS DEL ENTRENADOR

- Verificar los tiempos de desmarque
- Verificar el control orientado del jugador exterior que realiza el desmarque en aproximación: el primer control determina el éxito de la acción
- Verificar la intensidad y la precisión de los pases

DESMARQUE INTERIOR-EXTERIOR, ATAQUE DE LA PROFUNDIDAD Y BALÓN COLGADO

14

MEDIO OPERATIVO Situación simplificada

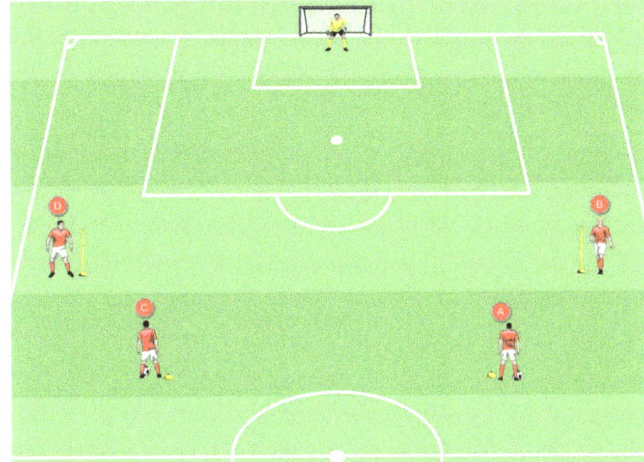

DURACIÓN

15 minutos

OBJETIVOS

- Desmarque de apoyo
- Control orientado
- Pase
- Balón colgado
- Finalización
- Tiro a portería

MATERIAL

- 2 palos
- Chinos
- 1 portería
- Balones

PREPARACIÓN

Área de juego: 50×50 metros
Jugadores: 12 + 1 portero
Número de series: 3 de 5 minutos

ORGANIZACIÓN

Posicionar los dos palos en las zonas laterales del campo a 10 metros del área grande. Posicionar los dos chinos de inicio a unos 35 metros de la portería. Los jugadores A y C inician al lado de su chino de salida, mientras los jugadores B y D se posicionan en su palo. En cada estación posicionar tres jugadores. El portero defiende la portería.

DESCRIPCIÓN

- B realiza el desmarque yendo en aproximación hacia el compañero A
- A realiza un pase largo hacia B, que ataca la profundidad
- B, después de un control orientado, cuelga el balón hacia el compañero C que va a atacar la zona del punto de penalti
- C finaliza a portería

Realizar una acción desde la derecha y una desde la izquierda.

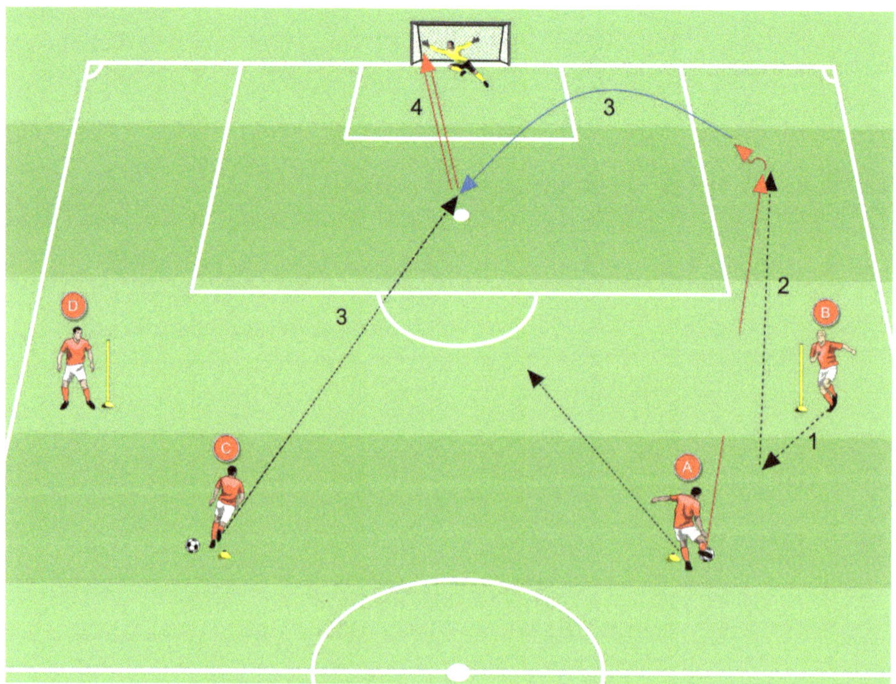

- Los extremos que van a colgar el balón tienen a disposición un máximo de dos toques (control y pase)

VARIANTES

1. Añadir también el jugador D a la finalización del balón colgado

PUNTOS DEL ENTRENADOR

- Verificar los tiempos de ejecución del desmarque que tiene que ser realizado a la máxima intensidad
- En una situación de juego una vez superado el lateral con el pase al hueco, el defensa central irá a atacar la incorporación rompiendo la línea defensiva y creando el espacio para la incorporación de otro jugador. Esta situación obliga a los defensores a un intercambio de marcas que, si no se realiza en el momento adecuado, puede ser muy peligroso debido a que la acción se realiza en la zona de finalización

DESMARQUE, INCORPORACIÓN Y TIRO A PORTERÍA

15

MEDIO OPERATIVO Situación simplificada

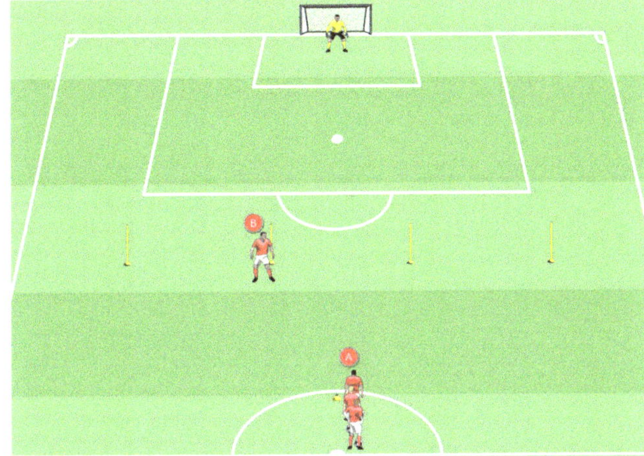

DURACIÓN

10 minutos

OBJETIVOS

- Desmarque de apoyo
- Finalización
- Tiro a portería
- Corte
- Incorporación
- Pase al hueco

MATERIAL

- 4 palos
- Chinos
- 1 portería
- Balones

PREPARACIÓN

Área de juego: 50×50 metros
Jugadores: 8 + 1 portero
Número de series: 1 de 10 minutos

ORGANIZACIÓN

A 30 metros de la portería posicionar una fila de cuatro palos a una distancia de 10 metros entre ellos, simulando una defensa posicionada. El jugador B se posiciona en la línea defensiva de los cuatro palos, mientras el grupo A inicia desde el chino de inicio, cada jugador con un balón. El portero defiende la portería.

DESCRIPCIÓN

- B realiza un desmarque yendo en aproximación hacia el compañero A
- B realiza un cambio de dirección yendo a atacar la profundidad entre los palos para recibir el pase al hueco de A que pasará el balón dependiendo del movimiento de B
- B finaliza en portería

Al final de la acción A toma el sitio de B, mientras B, después de haber recuperado el balón, va a posicionarse en el fondo del grupo A.

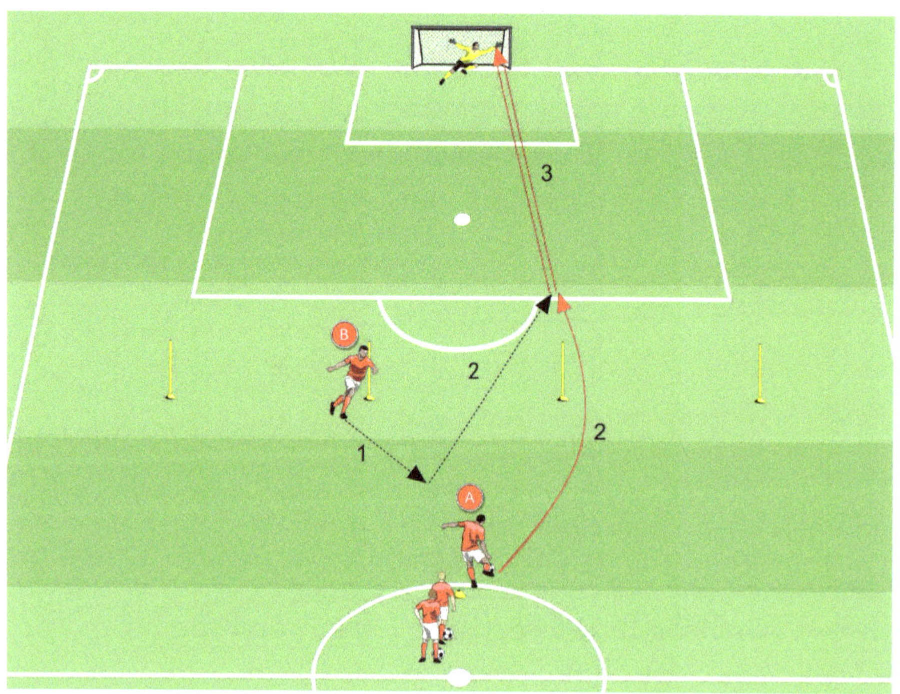

VARIANTES

1. Tiro al primer toque o máximo dos toques después de la incorporación
2. Añadir un defensor en marcaje pasivo del delantero

PUNTOS DEL ENTRENADOR

- Este movimiento de desmarque permite atacar el espacio detrás de la línea defensiva
- En una situación de juego, el defensor tiende a seguir el primer movimiento en aproximación para evitar que el delantero que recibe se pueda dar vuelta
- El jugador que pasa el balón tiene que prestar particular atención al movimiento de su compañero, por el contrario el pase podría ser interceptado

DESMARQUE PARA ATRAER AL DEFENSOR

16

MEDIO OPERATIVO

Situación simplificada

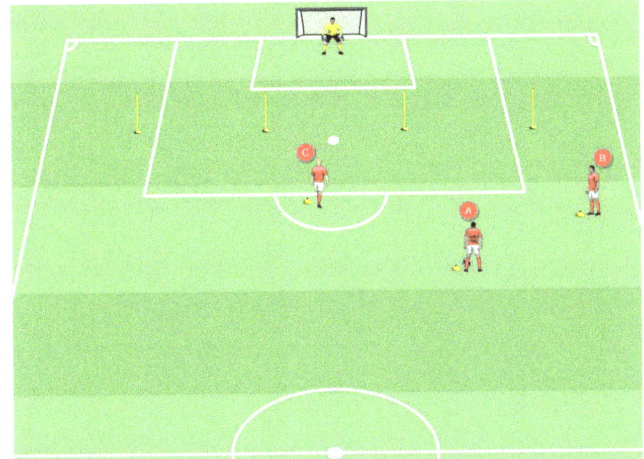

DURACIÓN

14 minutos

OBJETIVOS

- Desmarque de apoyo
- Movimiento de desmarque
- Balón de área

MATERIAL

- 4 palos
- 3 chinos
- 1 portería
- Balones

PREPARACIÓN

Área de juego: 50×40 metros
Jugadores: 10 + 1 portero
Número de series: 2 de 6 minutos con 1 minuto de recuperación pasiva entre las series

ORGANIZACIÓN

A 8 metros de la portería posicionar una fila de cuatro palos, simulando una defensa posicionada. Los jugadores A, B y C se posicionan al lado de su chino de salida (como en la figura). En cada estación posicionar tres jugadores. El portero en la portería.

DESCRIPCIÓN

- B realiza un desmarque yendo en aproximación al compañero A
- B ataca la profundidad hacia el exterior para recibir el pase al hueco de A, mientras C realiza un desmarque en carrera lenta yendo en aproximación hacia B
- C realiza un cambio de dirección atacando la portería para recibir el balón colgado de B
- C finaliza en portería al primer toque

Finalizada la acción A toma el sitio de B, B el sitio de C y C va al lugar de A. En la serie sucesiva realizar el ejercicio desde el lado opuesto.

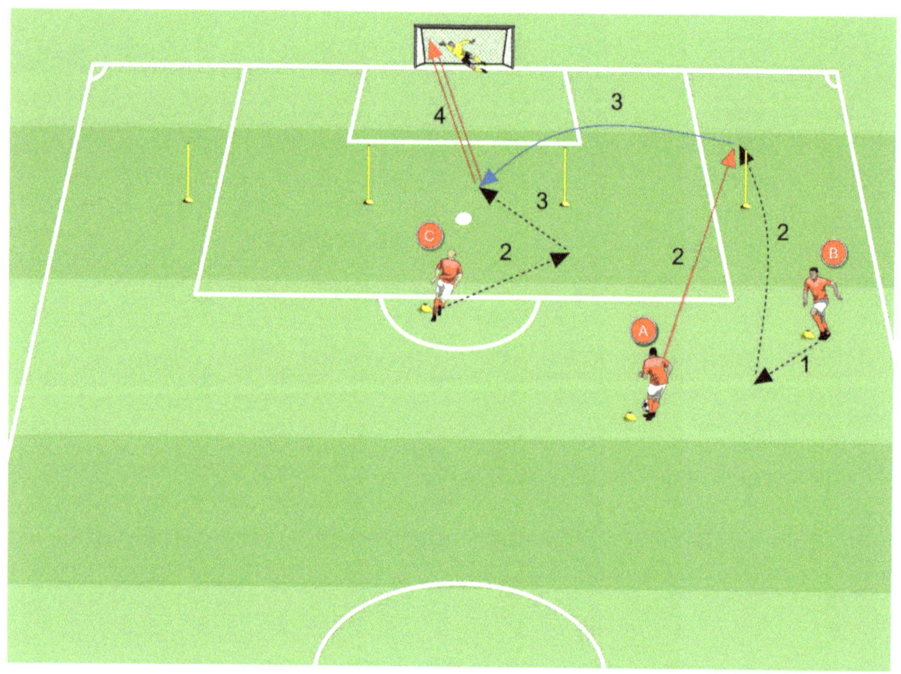

VARIANTES

1. Añadir un defensor pasivo que marca al delantero que finaliza en la portería

PUNTOS DEL ENTRENADOR

- Este movimiento de desmarque permite ganar el tiempo y el espacio necesarios para tirar a portería
- El jugador que cuelga el balón tiene que prestar particular atención al movimiento de su compañero, para evitar la intercepción del defensor. Entonces tiene que intuir si su compañero se posicionará para ir a rematar, después de haber atraído al defensor de un lado al otro

APROXIMACIÓN, DESCARGA Y CORTE

17

MEDIO OPERATIVO Situación simplificada

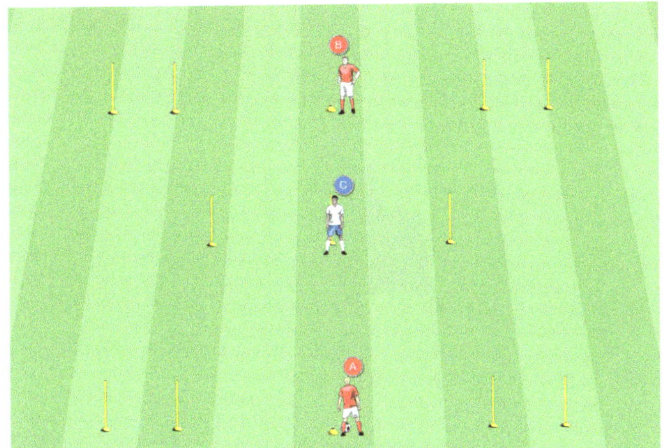

DURACIÓN

12 minutos

OBJETIVOS

- Corte
- Apoyo
- Penetración

MATERIAL

- 11 palos
- 2 chinos
- 1 peto
- Balones

PREPARACIÓN

Área de juego: 20×10 metros
Jugadores: 6
Número de series: 2 de 5 minutos con 1 minuto de recuperación pasiva entre las series

ORGANIZACIÓN

Posicionar en fila los chinos de inicio en los cuales colocamos a A y B a 10 metros de distancia entre ellos; en el centro posicionar los tres palos en fila de manera que se creen dos espacios bastante amplios de manera que sea posible el pase; en la misma línea de cada chino de inicio crear con los palos dos porterías laterales. El defensor C se posiciona en la línea de tres palos.

DESCRIPCIÓN

- B se aproxima a A anticipando a C
- A pasa el balón a B
- B devuelve el balón a A
- C eligirá que espacio ocupar, por consiguiente B se desmarca en el lado opuesto para recibir el pase de A
- B finaliza en la portería

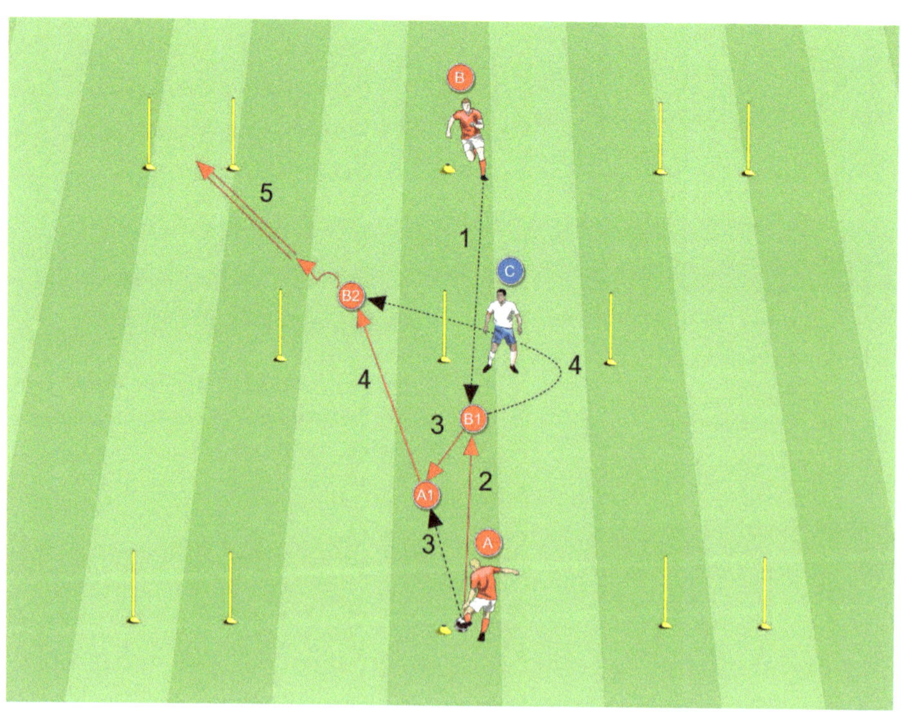

VARIANTES

1. El defensor C se convierte en activo para intentar cerrar el pase al hueco de A
2. El defensor C puede seguir el movimiento de desmarque de B para contrastarlo

PUNTOS DEL ENTRENADOR

- Atención a la postura de C que tiene que mirar que sea a A, que pasa el balón o que sea B, que se aproxima para recibir
- La descarga de B se tiene que realizar con el pie de cobertura
- El pase de A hacia la carrera de B, después de que ha realizado la descarga, tiene que ser medido de la manera adecuada
- Observar también la postura de B que, una vez realizada la descarga, tiene que posicionarse de manera que vea el espacio que tiene que atacar, sin nunca perder la visión de uno de los dos

DESMARQUE, INTERCAMBIO Y TIRO A PORTERÍA

18

MEDIO OPERATIVO Situación simplificada

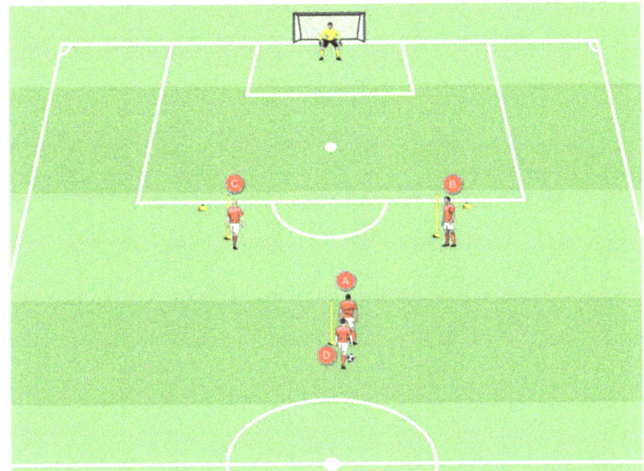

DURACIÓN

15 minutos

OBJETIVOS

- Desmarque de apoyo
- Finalización
- Tiro a portería
- Ayuda
- Devolución
- Corte
- Incorporación
- Pase al hueco

MATERIAL

- 3 palos
- 2 chinos
- 1 portería
- Balones

PREPARACIÓN

Área de juego: 50×40 metros
Jugadores: 8 + 1 portero
Número de series: 3 de 4 minutos con 1 minuto de recuperación pasiva entre las series

ORGANIZACIÓN

Crear un triángulo con tres palos, dos de los cuales cerca de la portería y a 15 metros de distancia entre ellos. En los dos palos altos, a pocos metros, posicionar en diagonal los chinos de manera que los jugadores tengan una medida para el desmarque. Los jugadores A, B y C se posicionan cada uno al lado de un palo. El jugador A inicia con el balón. El portero defiende la portería. En cada estación indicada por una letra posicionar a dos jugadores.

DESCRIPCIÓN

- B realiza un desmarque abriendo hacia el exterior (del palo al chino)
- A pasa el balón al compañero B que se aproxima
- B realiza un pase devolviendo el balón al compañero A que se le acerca
- B, con una carrera circular, ataca la profundidad desmarcándose por detrás del palo para recibir el pase al hueco de A
- B finaliza a portería

Al final de la acción A y B invierten las posiciones, mientras los jugadores D y C realizan el mismo ejercicio en el lado opuesto.

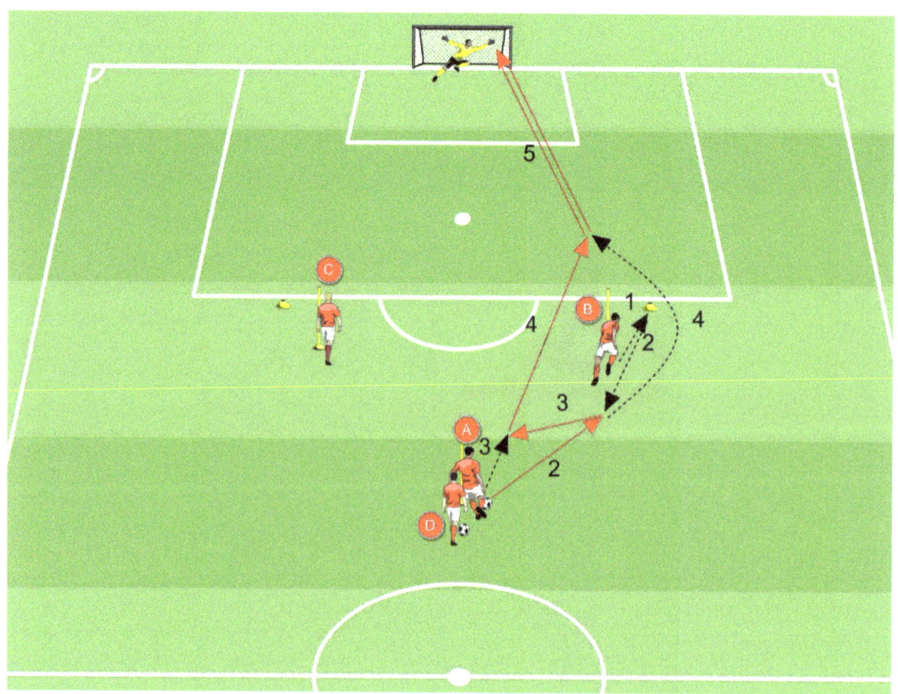

PUNTOS DEL ENTRENADOR

- Para este tipo de movimiento es necesario prestar particularmente atención a la postura y a la carrera del jugador que irá al tiro
- Este ultimo realiza un movimiento en aproximación para luego abrirse, intentando dar la espalda a la portería y nunca dando la espalda al balón
- Atacar a la profundidad después de haber creado amplitud

BÚSQUEDA DEL DELANTERO, DESCARGA E INCORPORACIÓN DE LOS EXTREMOS

19

MEDIO OPERATIVO Situación simplificada

DURACIÓN

20 minutos

OBJETIVOS

- Incorporación
- Apoyo
- Corte

MATERIAL

- 7 chinos
- 1 peto
- 1 portería
- Balones

PREPARACIÓN

Área de juego: 40×40 metros
Jugadores: 11 + 1 portero
Número de series: 2 de 9 minutos con 1 minuto de recuperación pasiva entre las series

ORGANIZACIÓN

Posicionar dos filas de tres chinos cada una, la primera a 20 metros de la portería y la segunda a 28 metros. C, D, E y el defensor F se posicionan en la primera línea, B en la segunda y A inicia desde el chino de salida con un balón. El portero en la portería. En cada estación de los rojos en la figura posicionar dos jugadores.

DESCRIPCIÓN

- B realiza un movimiento de desmarque eligiendo si moverse hacia la derecha o hacia la izquierda respecto a la vertical con A
- C realiza un movimiento opuesto al de B
- A pasa al el balón hacia el delantero C que descarga hacia B
- B realiza un pase al hueco hacia el extremo (D o E) en el espacio dejado libre por F que a su vez ha tomado una elección yendo a marcar a uno de los dos jugadores exteriores
- El extremo que recibe el balón (E en la figura) finaliza a portería

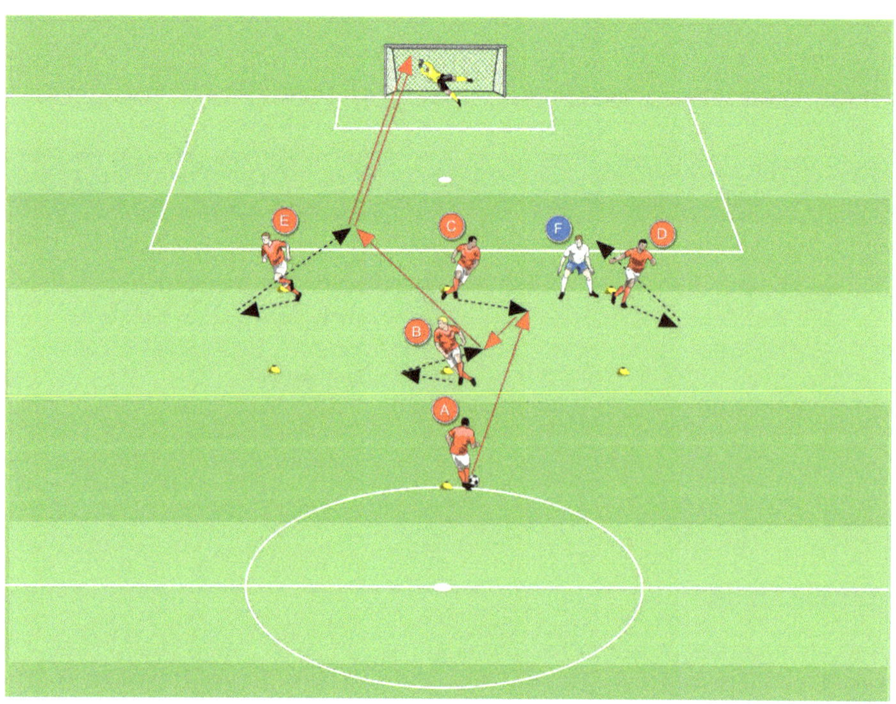

PUNTOS DEL ENTRENADOR

- Para que C y B puedan recibir, tienen que realizar un movimiento de desmarque opuesto con los tiempos adecuados
- Una vez realizado el desmarque, B descarga hacia C. Dependiendo de donde se encuentre F, el futbolista D realizará un pase al hueco hacia uno de los dos extremos
- B, al mirar que línea está ocupando F, mejorará su visión periférica
- Verificar los tiempos del desmarque en profundidad, prestando especial atención a que los jugadores no caigan en fuera de juego

BÚSQUEDA DEL DELANTERO, DESCARGA E INCORPORACIÓN DEL CENTROCAMPISTA

20

MEDIO OPERATIVO Situación simplificada

DURACIÓN

20 minutos

OBJETIVOS

- Incorporación
- Apoyo
- Pase al hueco

MATERIAL

- 7 chinos
- 1 peto
- 1 portería
- Balones

PREPARACIÓN

Área de juego: 40×40 metros
Jugadores: 10 + 1 portero
Número de series: 2 de 9 minutos con 1 minuto de recuperación pasiva entre las series

ORGANIZACIÓN

Posicionar dos filas de tres chinos cada una, la primera a 20 metros de la portería y la segunda a 28 metros. C y D (este ultimo con peto) se posicionan en la primera línea, B en la segunda y A inicia desde el chino de salida con un balón. El portero en la portería. En cada estación de los rojos colocar dos jugadores.

DESCRIPCIÓN

- B realiza un movimiento de desmarque eligiendo moverse a la derecha o a la izquierda respecto a la vertical con A
- C realiza un movimiento opuesto al de B
- A pasa a C que realiza el pase
- B entrena la visión de juego, localizando el espacio ocupado por el defensor D y decide si realizar el pase al hueco largo o profundo hacia A
- A finaliza a portería

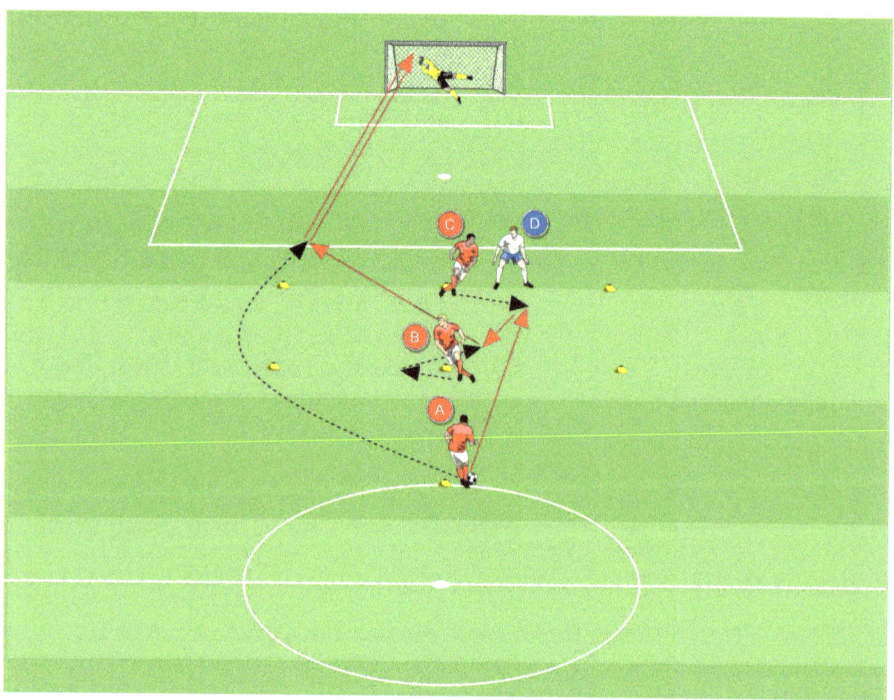

PUNTOS DEL ENTRENADOR

- Verificar los tiempo de desmarque de B y C, que tienen que estar sincronizados con los movimientos opuestos
- Verificar los tiempos de incorporación de A, que no tienen que ser con demasiada anticipación para no caer en fuera de juego
- Estimular la visión periférica de B, que realiza el pase al hueco

POSESIÓN DE BALÓN, INCORPORACIÓN LATERAL Y 1 CONTRA 1

21

MEDIO OPERATIVO Situación simplificada

DURACIÓN

20 minutos

OBJETIVOS

- Incorporación
- 2 contra 2
- Desmarque de apoyo

MATERIAL

- 4 chinos
- 2 palos
- 6 petos
- 1 portería
- Balones

PREPARACIÓN

Área de juego: 50×50 metros
Jugadores: 12 + 1 portero
Número de series: 2 de 9 minutos con 1 minuto de recuperación pasiva entre las series

ORGANIZACIÓN

A 20 metros de la portería crear un cuadrado de 20×20 metros con la ayuda de los chinos. En la misma línea de los primeros dos chinos colocar dos palos para indicar las zonas exteriores. En el interior del cuadrado se posicionan cuatro jugadores con peto contra cuatro sin. Al lado de los dos palos exteriores se posicionan dos jugadores (uno con peto y uno sin). El portero defiende la portería.

DESCRIPCIÓN

- En el interior del cuadrado delimitado por los chinos se realiza una posesión de balón 4 contra 4
- Cuando uno de los dos equipos consigue realizar cinco pases consecutivos el jugador en posesión puede salir sin oposición del cuadrado llevando el balón hacia una de las dos bandas exteriores
- En aquel momento el compañero exterior realiza un desmarque corto-largo para luego recibir el pase en profundidad
- Un jugador rojo y uno blanco salen del cuadrado dirigiéndose hacia la portería: el jugador del equipo en posesión tiene como objetivo el gol mientras que el otro juega como defensor

REGLAS

- Durante la posesión de balón, en el interior del cuadrado se juega a dos toques
- Después de cinco pases consecutivos, el jugador con el balón puede salir del cuadrado y los adversarios no pueden seguirlo. Solo un jugador de los rojos y uno de los blancos pueden salir fuera del cuadrado hacia la portería

PUNTOS DEL ENTRENADOR

- Trabajar los tiempos y los movimientos de desmarque del extremo
- Estimular el duelo en el centro del área, verificando los movimientos de desmarque del jugador que tiene como objetivo marcar un gol

POSESIÓN DE BALÓN, AMPLITUD Y 2 CONTRA 2

22

MEDIO OPERATIVO Situación simplificada

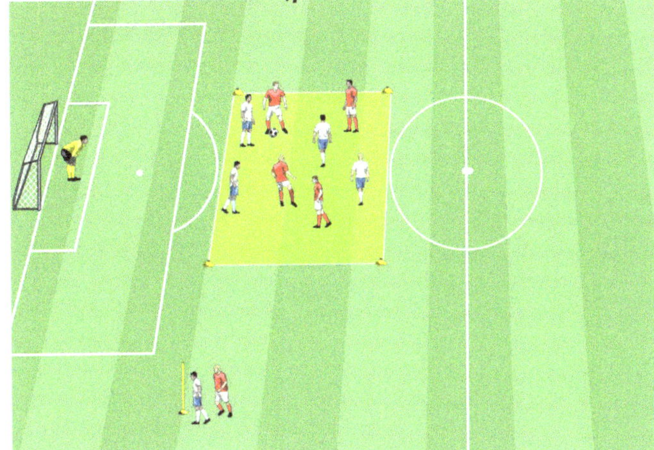

DURACIÓN

20 minutos

OBJETIVOS

- Amplitud
- 2 contra 2
- Corte

MATERIAL	PREPARACIÓN
▪ 4 chinos ▪ 2 palos ▪ 6 petos ▪ 1 portería ▪ Balones	Área de juego: 50×50 metros Jugadores: 12 + 1 portero Número de series: 2 de 9 minutos con 1 minuto de recuperación pasiva entre las series

ORGANIZACIÓN

A 20 metros de la portería crear un cuadrado de 20×20 metros con los chinos. En la misma línea de los dos primeros chinos posicionar dos palos para indicar las zonas exteriores. En el interior del cuadrado posicionar cuatro jugadores con peto y cuatro sin. Al lado de los dos palos exteriores se posicionan dos jugadores (uno con peto y otro sin). El portero en la portería.

DESCRIPCIÓN

- En el interior del cuadrado se realiza una posesión de balón 4 contra 4
- Cuando uno de los dos equipos consigue realizar cinco pases consecutivos el jugador en posesión puede salir sin oposición del cuadrado llevando el balón hacia una de las dos bandas exteriores
- En aquel momento el compañero exterior realiza un desmarque corto-largo para luego recibir el pase en profundidad con el adversario que podrá contrastarlo
- Mientras tanto un jugador rojo y uno blanco salen del cuadrado dirigiéndose hacia la portería: el jugador del equipo en posesión tiene como objetivo el gol mientras el otro juega como defensor
- Los rojos tendrán que ir a finalizar

REGLAS

- En el interior del cuadrado se juega a un máximo de dos toques
- Después de cinco pases consecutivos, el jugador con el balón puede salir del cuadrado y los adversarios no pueden seguirlo. Solo un jugador de los rojos y uno de los blancos pueden salir fuera del cuadrado hacia la portería

PUNTOS DEL ENTRENADOR

- Después de cinco pases consecutivos, el jugador en posesión sale del cuadrado y busca al exterior, que se tiene que desmarcar con un movimiento dentro-fuera para poder crear amplitud
- En el momento en el que ha recibido el balón, dos jugadores (uno por equipo) entran en la zona de finalización e inicia el 2 contra 2 que llevará a la finalización

CAPÍTULO 3
ATENCIÓN AL DETALLE

4 - TAREAS PARA LA RECEPCIÓN DEPENDIENDO DEL ESPACIO Y EL ADVERSARIO

Hay jugadores que se desmarcan tan bien que no tienen la necesidad de proteger el balón. Con un óptimo desmarque, que nos lleve a una distancia suficiente del adversario y utilizando todo el espacio disponible del campo, se puede reducir la velocidad del gesto técnico de la recepción y así realizarlo con mayor atención.
Lo que cuenta en la recepción es la dirección, la cual puede cambiar el sentido de una acción, entonces es correcto recibir el balón con el pie más lejano al adversario para proteger el balón.
¿Pero cuánto espacio se tiene a disposición? ¿A qué distancia se encuentra el adversario? Si conocemos el espacio y el tiempo a disposición podremos decidir como realizar la recepción.

El jugador que tiene que recibir el balón tiene que saber que hacer con él antes de recibirlo, pero tiene que decidirlo dependiendo de la situación y tiene que elegir antes de recibir. Trabajar la recepción orientada, en base a la posición del adversario, da más fluidez al juego y obviamente nos permite no perder el balón.

Los tiempos de reacción, dependiendo de los espacios a disposición, es necesario entrenarlos y se pueden mejorar utilizando situaciones de juego, corrigiendo analíticamente o dando sencillas indicaciones de las posibles soluciones a los jugadores. Una sencilla indicación de *pressing*, primero pasivo y luego activo, permite a los jugadores aprender inicialmente sin la presión real del adversario pero con el conocimiento de que estará ahí, razonando con más calma sobre las posibles soluciones, para luego probar la diferencia en una situación de juego, donde el adversario tiene la posibilidad de conquistar el balón.

RECEPCIÓN ABIERTA O CERRADA

23

MEDIO OPERATIVO Situación simplificada

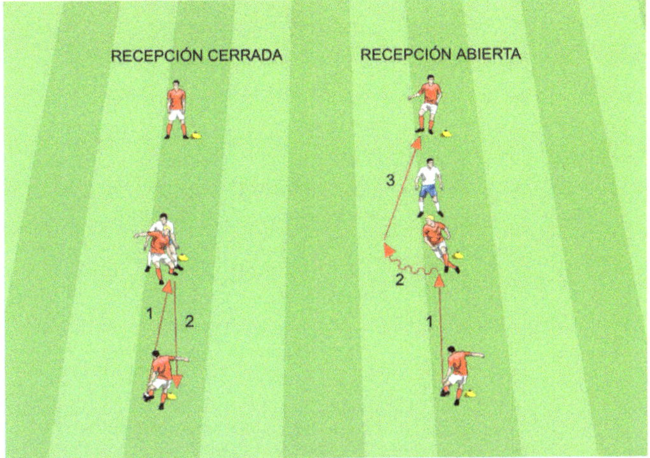

DURACIÓN

10 minutos

OBJETIVOS

- Control orientado de apertura
- Control orientado cerrando

MATERIAL

- 3 chinos
- 1 peto
- Balones

PREPARACIÓN

Área de juego: 20×10 metros
Jugadores: 4
Número de series: 4 de 2 minutos con 30 segundos de recuperación pasiva entre las series

ORGANIZACIÓN

Posicionar tres chinos en vertical a 8 metros de distancia el uno del otro. En el chino del centro se posicionan dos jugadores (uno con peto y otro sin), mientras en los otros dos chinos se posicionan dos jugadores sin peto.

DESCRIPCIÓN

- Recepción cerrada: el jugador sin peto del centro se aproxima para recibir el pase del compañero. Es seguido por su directo marcador con peto y, por consiguiente, el jugador sin peto realiza una recepción cerrada protegiendo el balón y pasándolo de nuevo a su compañero
- Recepción abierta: el jugador sin peto del centro se aproxima para recibir el pase del compañero. El defensor con peto se posiciona esperando y, por consiguiente, el jugador sin peto realiza una recepción abierta e irá a buscar a su compañero del lado opuesto

Al inicio de cada serie sustituir a la pareja del centro.

REGLAS

- Los jugadores rojos juegan con un máximo de dos toques

PUNTOS DEL MISTER

- Es importante trabajar la postura del jugador que tiene que realizar la recepción
- El jugador que recibe tiene que posicionarse de manera que sea capaz de ver el balón y el posible adversario
- Dependiendo de la elección de atacar o esperar al defensor se podrá decidir si cubrir o descubrir el balón

ON UNA RECEPCIÓN SUPERO AL ADVERSARIO

24

MEDIO OPERATIVO Situación simplificada

DURACIÓN

15 minutos

OBJETIVOS

- Control orientado de apertura
- Reacción
- Visión periférica

MATERIAL

- 8 chinos
- Balones

PREPARACIÓN

Área de juego: 10×10 metros
Jugadores: 8
Número de series: 3 de 4 minutos con 1 minuto de recuperación pasiva entre las series

ORGANIZACIÓN

Crear un cuadrado de 10×10 metros en el interior del cual es creado otro cuadrado de 5×5 metros con los chinos. Los jugadores se posicionan como en la figura.

DESCRIPCIÓN

- El ejercicio incluye una secuencia continua de pases a lo largo del perímetro del cuadrado exterior
- Para iniciar la secuencia se puede iniciar desde cualquier vértice
- A pasa a B
- Durante el pase C inicia desde el chino y va a presionar pasivamente a B
- B decidirá que dirección tomar con la primera recepción dependiendo del espacio que ocupa C y una vez superado C con un control pasa el balón a D o lo devuelve a A
- C y B rápidamente se intercambian la posición

El ejercicio es lo mismo por toda la serie.

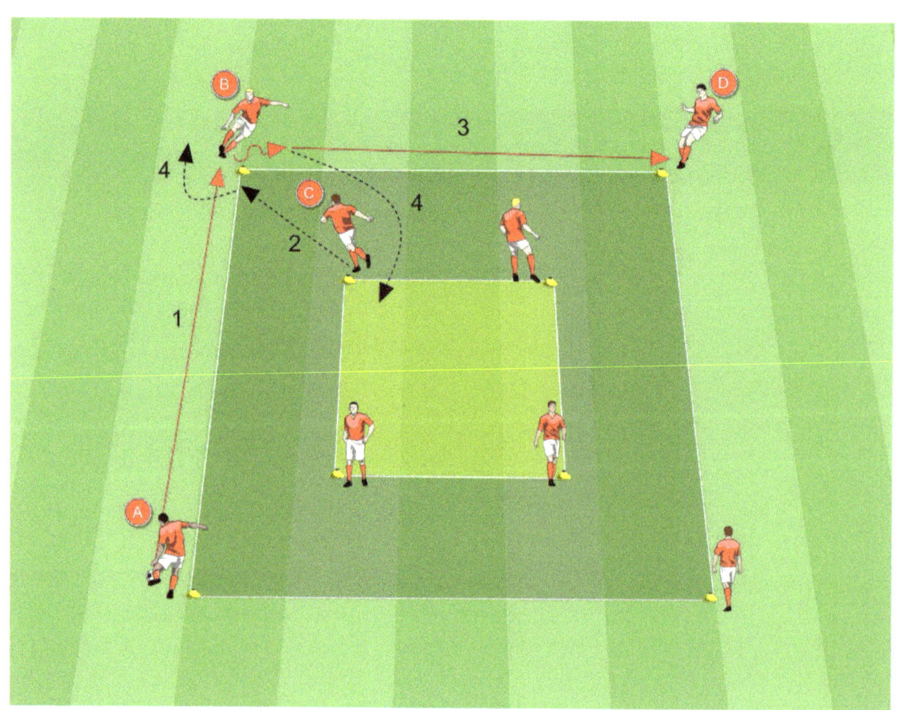

REGLAS

- Los jugadores del exterior tienen dos toques como máximo: con el primer toque eligen la dirección y con el segundo pasan el balón hacia el compañero

PUNTOS DEL ENTRENADOR

- El jugador que recibe el balón trabaja la técnica del control orientado y los tiempos de reacción, dependiendo del lado que va a presionar el jugador que tiene enfrente
- De esta manera, el jugador que recibe entrena la visión periférica y se concentra más sobre el espacio vacío que atacar

CONTROL ORIENTADO EN EL ESPACIO VACÍO CREADO POR LOS COMPAÑEROS

25

MEDIO OPERATIVO Situación simplificada

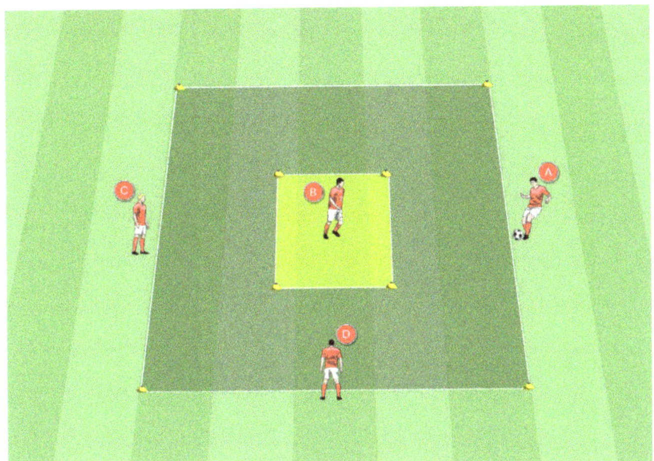

DURACIÓN

15 minutos

OBJETIVOS

- Control orientado
- Reacción
- Visión periférica

MATERIAL

- 8 chinos
- Balones

PREPARACIÓN

Área de juego: 20×20 metros
Jugadores: 4
Número de series: 3 de 4 minutos con 1 minuto de recuperación pasiva entre las series

ORGANIZACIÓN

Crear un cuadrado de 20×20 metros con los chinos; en tres lados se posicionan los jugadores A, C y D y un lado se queda libre. En el interior del cuadrado grande formar uno pequeño de 8×8 metros en el cual se posiciona en el centro el jugador B.

DESCRIPCIÓN

- A pasa el balón a B que se encuentra en el cuadrado pequeño
- A se mueve en el lado libre
- C y D se mueven en base al movimiento de A, mientras B con un control orientado va en conducción de balón hacia el lado dejado libre por los tres compañeros

El ejercicio es continuativo durante toda la serie.

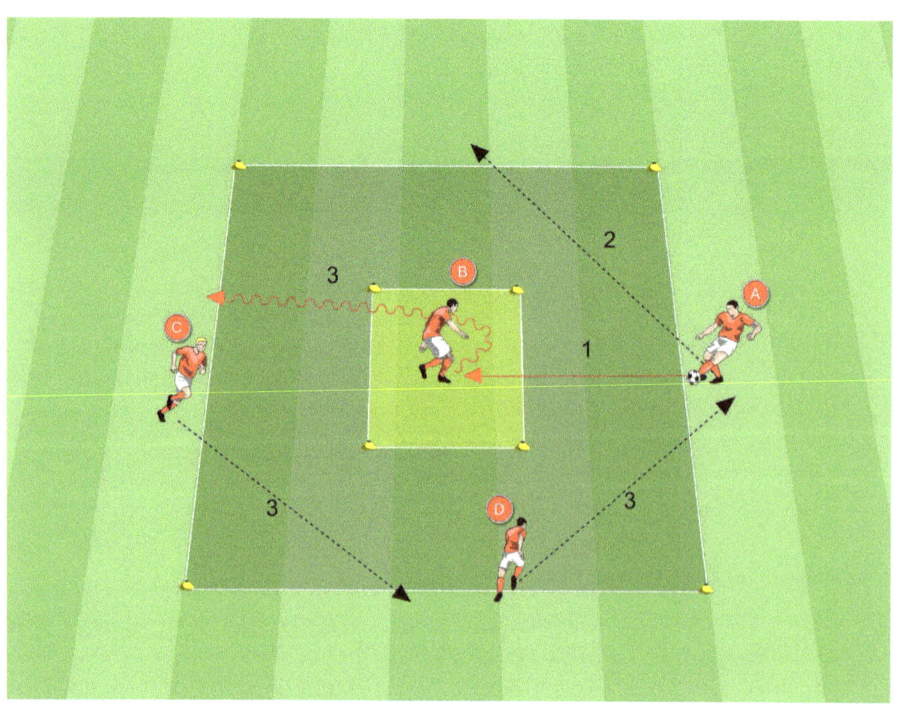

REGLAS

- El jugador que recibe el balón en el cuadrado interior tiene un solo toque (control orientado) para poder salir del cuadrado. El jugador que pasa el balón (A, en la figura) determina el movimiento de los compañeros que tendrán que dejar un lado vacío que ocupará el compañero (B, en la figura)

PUNTOS DEL ENTRENADOR

- El jugador que recibe en el interior del cuadrado pequeño, con una recepción orientada, tiene que salir del cuadrado
- El lado al que conducirá el balón es aquel que han dejado libre los compañeros, trabajando de este modo la reacción y la visión periférica
- El jugador que pasa el balón en el interior, decide si girar en el sentido de las agujas del reloj o al contrario, mientras que los otros del exterior se mueven en consecuencia

ATAQUE CONTRA DEFENSA: 5 VS CON ZONA DE FINALIZACIÓN

26

MEDIO OPERATIVO Situación simplificada

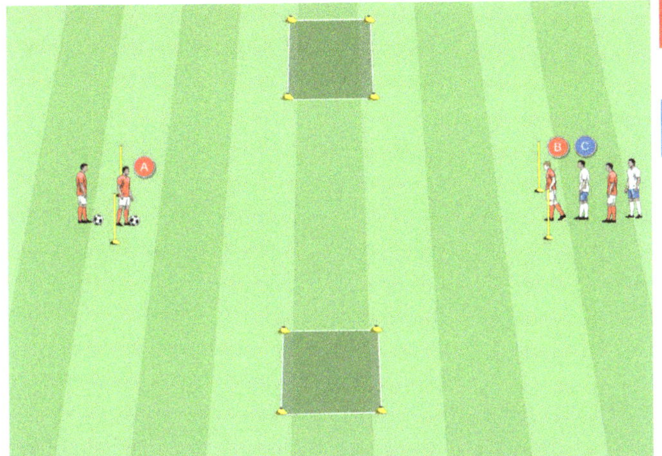

DURACIÓN

20 minutos

OBJETIVOS

- Control orientado
- 2 contra 1

MATERIAL

- 4 palos
- 8 chinos
- Balones
- 2 petos

PREPARACIÓN

Área de juego: 20×15 metros
Jugadores: 6
Número de series: 4 de 4 minutos con 1 minuto de recuperación pasiva entre las series

ORGANIZACIÓN

Posicionar dos porterías de 2,5 metros una enfrente de la otra a una distancia de 15 metros entre ellas. A la altura del centro del campo de juego, posicionados lateralmente, crear dos cuadrados de 5×5 metros (como en la figura). Los jugadores del grupo A tienen un balón cada uno e inician en una portería, mientras en la otra portería inician los jugadores B y C, este ultimo con el peto.

DESCRIPCIÓN

- B esprinta para ir hacia el interior de uno de los cuadrados vacíos
- A le pasa el balón, mientras C (defensor) decide si anticipar, presionar o esperar el movimiento de B
- B, dependiendo de la elección de C, realizará una recepción abierta o cerrada y en el momento en el cual B toca el balón inicia el 2 contra 1 (A y B contra C)
- A y B tienen que marcar en la portería en la cual ha iniciado B, mientras si C recupera el balón puede ir a marcar en la otra portería

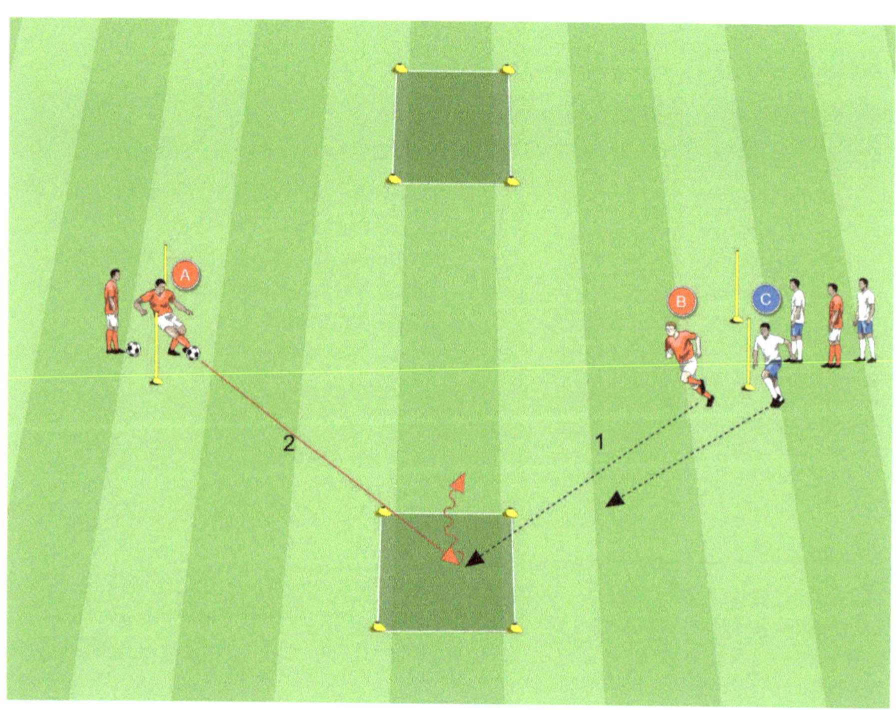

REGLAS

- A y B durante el 2 contra 1 tienen un máximo de tres toques
- El defensor C, si recupera el balón, tiene toques libres para ir a marcar en la portería pequeña

PUNTOS DEL ENTRENADOR

- B inicia con un movimiento de posible desmarque, atacando un cuadrado. C elegirá ir a anticiparlo, atacarlo para que no pueda girar o esperarlo cubriendo la zona de la portería
- B, dependiendo de la elección de C, tendrá que ir en aproximación para evitar la anticipación y realizar una recepción cerrada o abierta
- Cuando B recibe el balón, A crea la descarga y puede iniciar el 2 contra 1

CONCLUSIONES

La búsqueda de los espacios representa la base necesaria para entrenar a los jugadores a moverse continuamente, para recibir y atacar la profundidad.

Jugar el balón por el suelo no es suficiente: para obtener una buena posesión de balón es necesario trabajar el concepto de desmarque, por el contrario el jugador con el balón no tendrá a su disposición soluciones adecuadas.

La posesión de balón tampoco es suficiente: ayuda a tener más ocasiones para crear peligro, pero si no está direccionada no será peligrosa. Cuando llega el momento de atacar es necesario incorporarse en los espacios, en particular con los equipos que los conceden. El jugador que ataca el espacio con un desmarque y el jugador que realiza el pase tienen que tener la misma idea de juego, la misma visión de juego y realizar la misma elección situacional, con la ayuda del entrenador que colabora en el trabajo de los tiempos.

SOBRE EL AUTOR

Matteo Von Der Horst

Entrenador UEFA C

Matteo Von Der Horst (Capri 1992), de nacionalidad germano-española, es entrenador UEFA C.
Ha comenzado su recorrido como entrenador a los 17 años en el Bassanello Guizza. Dos años más tarde ficha por el Albignasego, donde entrenó diversas categorías, para luego enfocarse en el proyecto de la categoría Cadete durante 2 años. Allí obtuvo el campeonato de la liga regional.

En la actualidad es entrenador del Centro Federal Italiano de Nápoles.